Begierde ist des Menschen Wesen selbst.

Benedictus Spinoza

The Real Secret

1.Auflage Mai 2009

Lektorat: Olivia Meyer
Satz und Gestaltung: Alba Choque
Covergestaltung: Z. Aleksic

ISBN 978-3-033-01960-7

Juwelis AG
CH-8046 Zürich, Postfach 13
Tel. 079-785 83 43
E-mail: juwelis@bluemail.ch
www.therealsecret.ch

Inhalt:

Vorwort

Als ich das Manuskript des Autors Alex Solarte zum ersten Mal in den Händen hielt, fesselten mich bereits die ersten Zeilen seiner Ausführungen. Sollte es tatsächlich möglich sein, ein weiteres Buch zum Thema SECRET zu veröffentlichen und dabei noch ein letztes Geheimnis zu lüften?

Diese Behauptung machte mich neugierig. Bereits nach wenigen Seiten konnte ich meine Verblüffung noch kaum fassen. Alex Solarte schreibt in einfach verständlicher und direkter Sprache ohne ein Blatt vor den Mund zu nehmen. Man spürt sein aufrichtiges Wesen und seine Ehrlichkeit, kombiniert mit einem grossen Schatz an Weisheit und jahrelanger Erfahrung - edle Eigenschaften, die sich in jeder Zeile von Neuem widerspiegeln.

Beindruckend ist auch die Entdeckung des pyramidenförmigen Kosmischen Senders, die zur Wunsch-Übermittlung
eingesetzt wird.

„The Real Secret" stellt inhaltlich hohe Ansprüche und beantwortet die noch ungestellten Fragen. Begrüssenswert ist die Tatsache, dass dieses Buch die Wunsch-Erfüllung auf einem Niveau thematisiert, das auch dem spirituell wachsenden Menschen gerecht wird.

Oliver Simon, im März 2009

Alex Solarte

The Real Secret

Das Wahre Geheimnis

Juwelis

Die „Secret" Welle

Dieses Buch ist ein ganz besonderes Werk – ein Buch, welches dir die Augen auf anschauliche Art und Weise für die wesentlichen Zusammenhänge öffnen wird. Ich meine hier jene Zusammenhänge, die in verschiedenen Büchern behandelt werden, die unter Sammelbegriff „The Secret" erschienen sind. Diese Schrift wird dir definitiv den Weg in ein besseres und erfülltes Leben weisen. Ein neues Leben, das im „Secret" versprochen wird. Es ist mir ein Anliegen, anhand einer klaren und prägnanten Sprache, dir diese wertvollen Informationen mit entsprechenden Erklärungen zu vermitteln und mit grundlegenden Ergänzungen zu bereits erschienenen Büchern zu versehen. Das Buch ist absichtlich sehr kompakt geschrieben, ohne üblichen „Firlefanz" und langatmigen Ausführungen. Mein Buch soll dir eigentlich nichts neues beibringen, ausser das Bekannte zwecks eines besseren Verständnisses in einem **neuem Licht** darstellen. Es mag sein, dass einigen Leserinnen und Lesern gewisse Tatsachen des „Real Secret" als „bittere Medizin" vorkommen, eine Eigenschaft, die wir jedoch von den meisten hervorragenden Heilmittel kennen! Für alle anderen werden meine Ausführungen ein helles Licht am Horizont darstellen, das bisheriges Wissen vervollständigt und vieles deutlicher macht. Sollte die Offenlegung des „wahren Geheimnisses" (The Real Secret") in der Öffentlichkeit eine Kontroverse auslösen, so würde ich diese Reaktion mit Freude begrüssen. Denn es hiesse für mich, dass mein Buch ernst genommen wird!

Meine Ausführungen möchte ich mit einem weisen Zitat beginnen, dessen weitreichende Bedeutung in dieser Welt wenig bis überhaupt keine Beachtung, geschweige denn Anwendung findet.

Die Nichtbefolgung dieser Weisheit ist von fataler Konsequenz! Es ist anzunehmen, dass das nachfolgende Zitat, mit Sicherheit zahlreichen Menschen begegnet ist. Trotzdem muss ich feststellen, dass es nur allzu oft falsch interpretiert, aber auch **dreist missbraucht wurde**.

Die besagte Lebensweisheit lautet:

„Alles geschieht nach eurem Glauben"

und dieses Zitat stammt von niemand geringerem als Jesus…..

Ignoriert man diese Aussage, ist es, als wenn man den Sauerstoff in der Luft verneinen würde, obwohl ohne Sauerstoff kein Leben möglich ist! Man verkennt dabei ein Lebensprinzip - nach dem man tagtäglich lebt, auch wenn es unbewusst ist! Es geht hier nicht um grosse Dogmen und religiöse Glaubenssätze, vielmehr geht es tatsächlich um das alltägliche Geschehen. Das tägliche Denken und Handeln basiert auf unseren Meinungen, Vorurteilen, Prinzipien und vorgefertigtem „Wissen". Ohne es zu merken, leben wir diesen weisen Spruch und wissen dabei nicht um dessen grosse Bedeutung. Tangiert davon sind leider auch alle Irrtümer.

Ich denke, dass die Worte „Alles geschieht nach eurem Glauben" auch dir bekannt sein müssten. Sie stammen aus der Bibel und beschreiben zutreffend, wie wir selbst unser Leben und unsere Welt erfahren und gestalten. Keineswegs möchte ich jetzt den Eindruck erwecken, dass ich hier den kirchlichen, dogmatischen Glauben vertrete. Vielmehr geht es hier, wie gesagt, um den gewöhnlichen Glauben, der unseren Alltag prägt.

Wenn wir als Kind das Licht der Welt erblicken, sind wir wie ein unbeschriebenes Blatt, keusch und offen für ein facettenreiches Leben auf dieser Welt. Mit der Zeit formt sich jedoch unsere Person. Dies geschieht durch die verschiedenen Einflüsse von aussen, gepaart mit unseren Talenten und Neigungen, die wir in uns seit der Geburt tragen.

Elternhaus, Schule und Gesellschaft bilden dabei

ein Netzwerk, das uns während des Heranwachsens immer weiter formt. Mit etwa 30 Jahren ist dieser Prozess abgeschlossen, und in uns festigt sich ein Weltbild, das auf verschiedenen Glaubenssätzen basiert. Unsere eigenen Erfahrungen sind dabei massgebend für das Verständnis der Dinge. Es mag unser Schicksal sein, dass wir dieses und jenes glauben und andere Dinge weniger: Es ist aber ein unumstössliches Faktum, dass wir unserem Schicksal „entgehen" und es selbst gestalten können. Für viele Menschen ist der Glaube an Erfolg oder Misserfolg genau das, was sie auch bestimmt oder zumindest beeinflusst. So heisst es bekanntlich auch in der Bibel: **„Der Glaube versetzt Berge."**

Von diesem Leitsatz haben sich unzählige Autoren inspirieren lassen, um in ihren Büchern, das Thema der Wunsch-Erfüllung abzuhandeln.

Einige Namen werden dir sicher bekannt sein wie: Rhonda Byrne, Christian Reiland, Bärbel Mohr, Joseph Murphy, Napoleon Hill, Deepak Chopra, Rene Egli, Norman Vincent Peale, Erhard F. Freitag, um nur einige zu nennen.

Mit diesen Schriften sind Millionen-Auflagen erreicht worden, und alle behandeln auf die eine oder andere Weise oben erwähnte Bibel-Weisheit.

Es geht dabei immer darum, uns beizubringen, wie wir mit unserem Glauben, Denken und Gefühlen die Realität **erschaffen, gestalten** und schliesslich das Beste daraus machen können. „Positives Denken“, „Die Macht des Unterbewusstseins“, „Visualisierung“, „Das Gesetz der Anziehung“ und andere Methoden lehren uns, das Leben auf beste Art und Weise zu meistern. **Bei richtiger Anwendung – funktionieren sie auch, das kann ich ebenfalls bestätigen.**

Alle Methoden haben etwas gemeinsam: Es geht vor allem darum, wie wir **unseren Willen** durchsetzen können, unsere Wünsche erfüllen und dabei negative Einflüsse ausschalten.

Eine Frage steht ganz im Zentrum aller Fragen:

Wie erfülle ich mir meine Wünsche?

Viele Autoren machen „ein Geheimnis“ daraus. Ein

„Secret" sorgt dafür, dass unsere Wünsche sich materialisieren und uns zum Glück verhelfen.

Dieses „Geheimnis" ist inzwischen wohlbekannt, obwohl es eigentlich gar keines ist: Eine positive Einstellung zum Leben, eine grosse Kraft der Imagination, Zuversicht und Stabilität unseres Geistes sind die Grund-Voraussetzungen, die jeglichen Erfolg garantieren. Alle Schriften, die das „Secret" zum Thema haben, erzeugen bei ihren Lesern eine euphorische Stimmung. Sie sind dabei überzeugt, ein grosses Stück näher heran gerückt zu sein, ihren Wünschen den richtigen Weg zu weisen - den Weg zur Materialisierung im täglichen Leben.

Diese so genannten „Geheimnisse", die für die Wunsch-Erfüllung verantwortlich sind, stellen nichts anderes als eine Umprogrammierung unserer falschen, negativen Einstellungen dar, also eine „Positivierung" des Lebens. Dabei darf man nicht vergessen, dass wir selber ein wichtiger Bestandteil sind, welcher zum Gelingen dieser Methoden beiträgt. Denn selbst das beste Rezept muss schliesslich selbst gekocht werden, von alleine geht es nicht. Und dabei ist etwas, das bisher ausser Acht gelassen wurde von elementarer Wichtigkeit: **Es braucht Energie dazu**!

Die „geheimen" Erfolgs-Rezepte sind inzwischen aufgrund der zahlreichen Publikationen bekannt, doch das Generieren dieser Energie, die ein enorm wichtiger Bestandteil in der Wunsch-Erfüllung ist, steht in diesem Buch ganz im Mittelpunkt! So fängt mein Buch dort an, wo die anderen aufhören:

Die notwendige Kraft zur Wunscherfüllung wird mit der speziellen Tesla-Antenne getankt, und gleichzeitig gehen wir methodisch vor, indem du das **eigene Wunsch-Buch schreibst**. Diese zwei Dinge, so gepaart, werden dir den Erfolg garantieren. Ein Erfolg fürs Leben!

Bestellung beim Kosmos

Alle Menschen haben ohne Ausnahme ihre ganz spezifischen Wünsche und Bestrebungen im Leben. Der Mensch ist in seiner Art ein Begierde-Wesen. Es liegt in seiner Natur, Dinge und Erfahrungen zu begehren, und dies nicht zuletzt wegen seines eigenen Willens. Diese Tatsache lässt sich nicht leugnen und ist in ihrer Art und Weise ein Naturphänomen. Auch selbst, wenn diese Wünsche bescheiden ausfallen, bleiben es doch Vorhaben, die er erreichen möchte. Unabhängig von Zeit und Kultur waren stets Bestrebungen vorhanden, das

Leben selbst in die Hand zu nehmen und zu gestalten. Im Laufe der Zeit haben selbstverständlich diese Vorstellungen der Lebensgestaltung variiert und diverse Formen angenommen. So waren auch die Rezepte der Wunsch-Erfüllung der jeweiligen Zeit angepasst. Diese Methoden wurden einerseits von Mund zu Mund weitergegeben oder andererseits auch publiziert, wie dies in neuster Zeit hauptsächlich üblich ist. Die Bücher solcher Art erreichen heute Bestseller-Auflagen und werden derzeit von den Lesern regelrecht verschlungen.

Es ist deshalb nicht notwendig, noch ein weiteres Buch über die Funktionsprinzipien des Kosmos in die Regale der Buchhandlungen zu stellen. Ich möchte vielmehr dir mit dem Zur-Verfügung-Stellen der Energiepyramide ein weiteres „Geheimnis" offenbaren und dich dabei jetzt auffordern, **dein eigenes „Secret"-Buch zu schreiben**. Es geht nicht darum, dich zu einem Buchautor zu machen, auch nicht darum, deine Schreibgelüste zu fördern. Nein, ich will, dass du ein Buch schreibst, welches es dir ermöglichen wird, deine Wünsche zu verwirklichen!

Mein Vorhaben basiert auf mehreren Gründen,

die ich dir im folgenden verraten werde:

Der erste Grund ist, dass mir daran gelegen ist, dir zu helfen. Meine Erkenntnisse gepaart mi jahrelangen Erfahrungen, als auch meine Studien haben für mich viel getan. So bin ich der Meinung, du sollst auch davon profitieren können. Es ist meine Art von Altruismus. Ich empfinde es als eine Pflicht, mein Wissen weiterzugeben.

Der zweite Grund liegt in meiner persönlichen Freude und Befriedigung, die ich allein durch das Schreiben dieser Texte habe. Es ist wie eine Meditation, die auch bei dir als Leser aufkommen sollte. Lese sie aufmerksam und schreibe auf den dafür vorgesehenen Seiten dein Buch mit grösstmöglicher Konzentration. Dies ist eine wichtige Voraussetzung für ein rasches Gelingen deiner Vorhaben.

Ein weiterer Grund für meine publizistische Tätigkeit beruht meines Erachtens in der Ergänzung vorhandener Werke zu diesem Thema. Allen diesen Bücher fehlt ein Praxis-Teil zum Gesagten, und im speziellen fehlt die konkrete Hilfe zur Verwirklichung. Diese ist hier in der Form der kosmischen Antenne vorhanden – entdeckt von einem der grössten Physiker aller Zeiten! **Diese „Antenne“ ist das Herz des Buches. Es ist eine kraftvolle Schnittstelle zwischen dir und Universum.**

Aber jetzt zur Praxis:

Es sind lediglich drei Schritte notwendig, die du unternehmen musst. Diese **drei Stufen** führen dich auf der Treppe des Erfolgs ans Endziel! Alle drei Punkte müssen befolgt werden, ohne dass eine ausgelassen wird. Die Reihenfolge muss dabei ebenfalls unbedingt eingehalten werden. Für ein rasches und vollumfängliches Gelingen deiner Vorhaben ist dies enorm wichtig.

Auf der ersten Stufe ist es Zeit, dein erstes Kapitel zu schreiben und damit den ersten wesentlichen Schritt auf der Zielgeraden machen. Auf den folgenden leeren Seiten – von denen reichlich vorhanden sind – kannst du nun **deine Wünsche aufschreiben**.

Fange am besten sofort an, schreibe alles nieder, was dir in den Sinn kommt. Nicht nur die grossen

Wünsche, auch die kleinen und seien sie noch so klein! Lass dich inspirieren und nutze die Gelegenheit, jetzt deine Vorstellungen und deine geheimsten Träume niederzuschreiben. Du brauchst dabei nicht nach einem bestimmten System vorzugehen, schreibe einfach in der Reihenfolge, wie es dir am Herzen liegt. Es sollen dabei alle Wünsche vorkommen: Materielle wie auch Spirituelle wie zum Beispiel bestimmte Situationen, Lebensziele, Arbeit und Karriere, Partnerschaftswünsche, Kinderwünsche usw... Doch etwas musst du dabei strengstens berücksichtigen. Deine Wünsche **dürfen niemandem Schaden zufügen**. Nie darfst du etwas begehren, was einem anderen gehört und ihm weggenommen werden soll. Es ist sehr wichtig, derartige niedere Wünsche unbedingt zu unterlassen!

Beim Niederschreiben deiner Wünsche, versuche diese möglichst konkret zu formulieren. Schreibe die kleinsten Details auf. Je genauer du das machst, desto präziser werden sie sich erfüllen. Manchmal sind es eben die Ungenauigkeiten, die zur falschen „Materialisierung" führen oder „Fehllieferungen" verursachen. Am besten formulierst du in ganzen Sätzen, führe ruhig Selbstgespräche. Nur so wird das Universum wissen, was du wirklich willst. Das Aufschreiben wird deinen Wünschen die notwendige Wichtigkeit verleihen. Auf diese Weise werden sie „offiziell". Der Vorgang des Schreibens selbst, ist wie eine Magie, eine „Verifizierung" deiner Gedanken. Denn ein geschriebenes Wort bedeutet, dass es schon auf dem besten Wege ist, sich zu materialisieren und zu verwirklichen. Stell dir einfach vor, es wäre eine tatsächliche Bestellung, die es auszuführen gilt: Eine verbindliche Bestellung!

Wenn du fertig bist, dann schliesse das Buch und verstecke es vor den Augen der anderen. Denn:

Es ist ein „Secret" - dein Geheimnis!

Jetzt gehen wir einen Schritt weiter zum zweiten „Kapitel" - zur zweiten Stufe auf der Treppe des Erfolgs!

Meine Wünsche!

Meine Wünsche!

Meine Wünsche!

Meine Wünsche!

Meine Wünsche!

Meine Wünsche!

Meine Wünsche!

Meine Wünsche!

Meine Wünsche!

Meine Wünsche!

Meine Wünsche!

Meine Wünsche!

Meine Wünsche!

Meine Wünsche!

Meine Wünsche!

Meine Wünsche!

Meine Wünsche!

Meine Wünsche!

Meine Wünsche!

Meine Wünsche!

Meine Wünsche!

Meine Wünsche!

Meine Wünsche!

Meine Wünsche!

Meine Wünsche!

Handeln oder Sein?

Einleiten möchte ich dieses Kapitel mit ein bisschen Theorie.

Unser gemeinsames Vorhaben ist es, mit diesem Buch uns unsere Wünsche erfüllen zu lassen. Und wir sind nun beide fest entschlossen, die Wunschverwirklichung in die Wege zu leiten. Mit meinen Anweisungen, die auf langjährigen Erfahrung und zahlreichen erfüllten Wünschen basiert, trage ich meinen Teil bei.

Nicht zuletzt, leistet uns, Teslas Wunschverstärker einen wertvollen Dienst.

Es stellt sich hier die berechtigte Frage: **An wen schickt diese Antenne die Wünsche?** Wer empfängt sie? Wer tut hier etwas, dass die Wünsche in Erfüllung gehen? Es gibt eine klare Antwort dazu: **Das Universum.** Der Kosmos. Gott selbst.

Ja, du hast richtig gelesen: Gott selbst. Er ist dafür verantwortlich uns Wünsche zu erfüllen oder zu verwehren. Viele Autoren verwenden das Wort Universum stellvertretend, meinen aber tatsächlich Gott damit. Dies ist verständlich, denn sie möchten nicht unbedingt religiös erscheinen, aus welchen Gründen auch immer!

Ich möchte dies hier besonders betonen: Das Universum ist Gott selbst, zumindest ein Teil von ihm: der physische Teil.

Diese Aussage bedarf einer Erklärung, da verständlicher Weise das Wort Gott das meist (falsch) interpretierteste Wort in unserer Sprache ist. Kaum ein Wort wurde so viel benutzt und derart missverstanden. Wenn du von Gott das klasische Bild hast, das dir Kirche und Religion liefert, - dann werde ich wohl hier korrigierend einwirken müssen. Denn ein Mann mit weissem Bart, irgendwo oben im Himmel sitzend, der die Welt regiert - ist eine Vorstellung, die jeglichen Tatsachen widerspricht. Wenn du jetzt denkst, ich könnte dir die „richtige" Erklärung liefern, dann muss ich dich enttäuschen. Ich möchte es auch nicht versuchen.

Dies hat auch seinen Grund. Denn ein Wesen, welches das Univesum erschaffen, es gestallten und kontrollieren kann, ist dermassen mächtig, dass es unsere Vorstellungskraft bei weitem übertrifft. Wir können vielleicht einen Bruchteil seiner Mächtigkeit gerade noch erahnen. Wir müssen uns stets bewusst sein, dass einfach alles, aber wirklich auch alles, von ihm abhängig ist.

Ich nenne es Gott, so wie die anderen Menschen es Universum, Kosmos, Tao, oder Bewusstsein nennen. Ich bin der Meinung, dass man „Das Kind per Namen nennen darf", ohne dabei als „religiös" oder „rückständig" zu erscheinen.

Eine weitere Frage steht ebenfalls im Raum: **Wer schickt die Wünsche ab**? Die Antwort ist einfach und klar, das bist in jedem Fall du!

Ganz ehrlich, was denkst du: „Wie wichtig ist der Absender in der ganzen Sache? “ Ich sage es dir: Das **wichtigste bist du**. Und so frage ich dich: „Wie weit kommen deine Wünsche, wenn du sie an das Universum schickst? Wie weit reichen deine Gedanken und Gefühle? Bis zu der Decke deiner Wohnung, bis zur Spitze des nächsten Berges? Vielleicht bis zu der Ionosphäre oder sogar zum Mond…?

Der Empfänger ist das Universum, weit ausgedehnt und überall vorhanden, wie nichts anderes.

Stell dir vor, wenn man einen Stein mit einem Katapult möglichst weit werfen will, ist das Gerät enorm wichtig, es bestimmt nämlich wie weit der Stein fliegt! In unserem Vorhaben bist du das Katapult, das mit Hilfe der Tesla-Energiepyramide den Stein wirft. Um ein starkes und solides Katapult abzugeben, gebe ich dir das nötige Rüstzeug, damit du damit erfolgreich sein wirst.

Ich stelle noch etwas fest: Ein entscheidend wichtiger Punkt entgeht vielen Menschen:

Wie urteilt das Universum (Gott) über den Menschen?

Gott oder das Universum urteilt über die Menschen aufgrund dessen, was sie sind und nicht aufgrund dessen was sie tun!

Ich kann es nachvollziehen, wenn dir diese Aussage als mysteriös erscheint. Sie ist aber keineswegs aus der Luft gegriffen!

Lass es mich in einem Beispiel veranschaulichen: Ein Diamant ist kostbar und begehrt - und dies nur aufgrund dessen was er ist. Wohlverstanden, er tut gar nichts dafür. Ein Architekt andererseits baut wunderbare Werke aufgrund der Tatsache, dass er ein Architekt ist. Ein Chirurg operiert Menschen, weil er das ist, was er aus sich gemacht hat. Relevant ist also nicht das Tun an und für sich, sondern das Sein! Es ist deshalb nicht zu erwarten, dass ein Architekt einen Kranken erfolgreich operieren könnte oder das ein Chirurg ein schönes Haus zu bauen vermag.

Wir wissen also, dass unser **Seins-Zustand** massgeblich am Gelingen unseres Vorhabens beteiligt ist. Nun nimmt es dich sicher wunder, aufgrund welcher Voraussetzung sich das Universum entscheidet, ob deine „Bestellung" auch geliefert wird.

Du bist der Grund dafür, mein lieber Leser!

Die Bestellung wird nur an den „kreditwürdigen" Besteller geliefert! - Ein wenig hart formuliert, entspricht aber vollends der Wahrheit. Diese Tatsache sollte dich keineswegs verängstigen, denn was schwierig klingt, muss nicht unbedingt auch so sein!

So stellt sich die Frage:

Wie soll ich denn sein, damit ich dem Universum würdig bin?

Gut. Gut sollst du sein. - Doch in welchem Sinne gut? Es sind deine persönlichen Eigenschaften, die dich gut oder weniger gut ausmachen. Das Universum erwartet von Dir, dass du folgende Eigenschaften mitbringst: Sei geduldig, bescheiden, schweigsam, liebevoll und weise.

Ich sehe schon, dass sich dein Gemüt in Bewegung setzt. Ich bin mir bewusst - es sind recht anspruchsvolle Eigenschaften, die ich hier aufzähle. Vielleicht fragst du dich jetzt: Wer hat alle diese Eigenschaften schon? Aber ich sage dir: **Du hast sie schon alle in dir**. *Denn es ist die wahre Natur des Menschen gut zu sein.* Zwar sind uns im Laufe der Zeit gewisse Eigenschaften verloren gegangen, doch sie lassen sich jederzeit wieder zurückgewinnen. Das werden wir jetzt mit einer kurzen Übung vollbringen. Tu einfach, was ich dir sage. Wie gesagt, es ist nicht so schwierig, wie es vielleicht aussehen mag.

Nachdem du deine Wünsche aufgeschrieben hast und sie nun mit der „Zauber-Antenne" ans Universum übermittelt werden, kommt ein ganz wichtiger Schritt.

Als erstes, vergiss jetzt deine Wünsche! Verschwende keine Gedanken mehr darüber. Dieser

Schritt ist enorm wichtig. Denn das Universum hat bereits Kenntnis davon genommen und es ist nur eine Frage der Zeit, wann die „Lieferung“ kommt.

Warum sage ich das? Hiermit will ich verhindern, dass du **„Korrekturen“** machst! Die meisten Menschen ändern ständig ihre Wünsche, denn der menschliche Geist ist ein unruhiges Wesen. Er springt ständig von einem Gedanken zum anderen. Diese Unbeständigkeit ist ein grosses Problem und führt zur Verwirrung beim Bestellvorgang. Du musst das Denken unbedingt ausschalten. Vermeide Wiederholungen und jegliches Rezitieren.

Es genügt allemal es einmal zu sagen oder schreiben.

Denke nicht, das Universum wäre schwer vom Begriff! Es ist eine Intelligenz, die wir gar nicht fassen können.

Ich möchte hier noch des besseren Verständnisses halber, meine Aussage mit der Post vergleichen: Wenn du einen Brief zur Post bringst, denkst du auch nicht mehr daran, wie die Post es schafft, den Brief an die richtige Adresse auszuliefern, richtig? Wenn die Adresse stimmt, gibt es in der Regel kein Problem mit dem Empfang des Briefes. In unserem Fall ist es so, das dass Universum seine **eigenen Mechanismen** hat, um „Post" zu empfangen und Lieferungen zu tätigen.

Genauso wie man für eine Sache zu wenig tun kann, ist es auch möglich, dass man für die gleiche Sache zu viel tut.

Also: aufgeschrieben und vergessen!

Jetzt kommt noch etwas schwieriges dazu. Es lässt sich leider nicht vermeiden: **Das Warten**. Jetzt musst du lernen, was **Geduld** heisst! Warten, warten, warten... Ich weiss, du bist ungeduldig, du möchtest deine Wünsche sofort erfüllt haben, lieber gestern als morgen! Doch so geht es nicht. Manchmal werden deine Wünsche schneller in Erfüllung gehen, als du dir erhofft hast, manchmal eben nicht. Es lohnt sich aber zu warten. Wenn du diesen Teil deiner Aufgabe gemeistert hast, dann ist schon die halbe Wette gewonnen.

Die Geduld ist die Mutter der Weisheit.

Apropos Weisheit, das war eine der Eigenschaften, die du für deine Bestellungen beim Universum haben solltest, nicht wahr? Doch wie wird man weise? Vielleicht denkst du, entweder ist es man, oder nicht. Es gibt dennoch gute Nachrichten: Auch das kann man lernen. Aber wie denn? - Ganz einfach: In dem man Geduldig ist! (Ha, ha...) So einfach? Ja, so einfach. Falls du Details erfahren möchtest, müsste ich noch ein Buch schreiben. Doch für unser Vorhaben braucht es das nicht.

Es genügt, wenn du weisst, mit Geduld wird man weise!

Wahrscheinlich ist diese Erklärung für dich ein wenig schroff und ungenau, ich wollte aber dieses Buch kurz fassen. Ziel war es, eine Anleitung zum glücklich sein zu verfassen. Daher finde ich, dass ich dich nicht mit zu vielen Erklärungen strapazieren sollte. Geduldig sein, bedarf keiner grossen Erklärungen. Es soll genügen, wenn ich dir garantiere, dass Geduld massgeblich für die Weisheit verantwortlich ist.

Meine liebe Leserin, mein lieber Leser, im folgenden Teil gibt es eigentlich nicht mehr viel zu tun. Ich habe lediglich noch einige leere Seiten dafür vorgesehen, dass du über dich selbst schreiben kannst. Schreibe nur gute Dinge. Versuche, deine gute Seite zu festigen, indem du sie aufschreibst. Mit dem Schreiben werden viele Dinge klarer. So wirst du nun ein „Testament" schreiben, ein geistiges Testament. - Nicht für deine Nachfahren, nein, für dich selbst! Schreibe nieder, wie du **gut bist, stark, unerschütterlich und gleichzeitig mild und lieb.** Es ist deine Bewerbung an das Universum. **Gleichzeitig versuche aber auch, wirklich so zu sein.** Vergiss nicht, das Universum wird dich danach beurteilen, wie du bist und nicht was du tust. Dies wird massgeblich mitbestimmen, wie schnell oder gar ob sich deine Wünsche materialisieren.

Meine Bewerbung!

ICH BIN:

liebevoll, verständnis-
voll, vertrauenswür-
dig, ehrlich, hilf-
reich, tierliebend,
verlässlich, stark,
sich für meine Mit-
menschen einsetzend
stützend, Geborgen-
heit + Verständnis
spendend, weise, klar
sauber, gradlinig,

Meine Bewerbung!

aktiv, gesund, erfolgreich, gewinnend, korrekt, geduldig, bescheiden, schweigsam, gut.

Meine Bewerbung!

Meine Bewerbung!

Meine Bewerbung!

Meine Bewerbung!

Meine Bewerbung!

Meine Bewerbung!

Meine Bewerbung!

Meine Bewerbung!

Meine Bewerbung!

Meine Bewerbung!

Meine Bewerbung!

Meine Bewerbung!

Meine Bewerbung!

Meine Bewerbung!

Meine Bewerbung!

Meine Bewerbung!

The Real Secret

Im ersten Kapitel habe ich dir aufgezeigt, wie du deine Wünsche notieren kannst und sie mit Hilfe der Kosmischen Antenne an die richtige Adresse übermitteln kannst.

Im zweiten Kapitel hast du gelernt, wie du dank der Kraft deiner Güte als würdiger Kandidat auftreten kannst, um deine Wünsche erfüllt zu bekommen.

Nun, im Moment hast du sicher viele Wünsche, die einerseits aufgeschrieben hast und die du erfüllt haben möchtest. Doch wenn du alle deine Wünsche einmal erfüllt hast, dann wirst du für das folgende Kapitel dankbar sein. Vielleicht möchtest du dich irgendwann von der Wunsch-Gesellschaft abheben und ein höheres Ziel erreichen. Dann ist dieses Kapitel für dich von unschätzbarem Wert. Es ist vom Standpunkt eines spirituellen Lebens gesehen, eine essenzielle Information, die dem Menschen die wahre Erfüllung bringt. Deshalb würde ich sogar behaupten, dieses Kapitel ist aus meiner Sicht das brisanteste.

Weil: ***Du kannst alles erreichen, ohne dir je etwas gewünscht zu haben!***

„Komisch", höre ich dich sagen, „zuerst darf ich Wünsche haben, ich soll deren würdig sein und jetzt plötzlich soll ich keine haben?" Doch erinnere dich an einen wichtigen Teil in der Wunsch-Erfüllung: Nachdem die Wünsche aufgeschrieben sind, musst du sie ruhen lassen und vergessen! So.

Und jetzt - in diesem Zustand - **bist du eigentlich wunschlos**! Nein? - Dann machst du noch etwas falsch...

Darum lese bitte weiter und staune, wie einfach und genial diese Information gleichzeitig ist.

Ich habe einige Aussagen herausgesucht, die meine Behauptung verdeutlichen. Es sind weise Zitate von Meister Eckhart, eines spätmittelalterlichen Mystikers. Er war eigentlich Theologe und zu seiner Zeit sehr berühmt! Er war einer von jenen Theologen, die sich aus tiefer Überzeugung nicht um alles in der Welt an kirchliche Dogmen halten wollte. Obwohl seine Zitate inzwischen ein paar Jahrhunderte alt sind, haben sie auch heute keineswegs an Gültigkeit verloren. Meister Eckhart hat schon seinerzeit Zusammenhänge richtig erkannt, von denen wir jetzt sprechen. Er war ein grosser Lehrer der Menschheit!

Der eine Spruch lautet:

„So wahr das ist, dass der Gott Mensch geworden ist, so wahr ist der Mensch Gott geworden“.

Klar, es ist eine Aussage, die man besser in einem Religions-Unterricht vortragen sollte. Aber ich habe diesen Spruch ausgesucht, weil ich hiermit etwas untermauern will, was ich am Anfang erklärt habe: Das Universum (Gott selbst) ist der „Wunsch-Erfüller“.

Doch jeder von Euch hat Gott in sich, nur merkt ihr nichts davon.

Diese eben erwähnte Tatsache ist eines der bedeutsamsten Mysterien und definitiv das grösste Geheimnis, das es gibt. Es ist das wahre Geheimnis: **The Real Secret**!

Jeder von uns trägt Gott in sich!

Stell dir vor, man würde einem armen Mann beispielsweise unbemerkt einen grossen Diamanten in seiner Hosentasche verstecken und ihm nichts davon sagen. Da er nie in seinen Hosentaschen nachschaut, denkt er immer, dass er ein armer Mann ist. Unglaublich, dabei befindet sich ein Reichtum von unschätzbarem Wert darin. Mit diesem Diamanten könnte er sich alle (materiellen) Wünsche erfüllen.

Darum der Vergleich; denn es geht uns allen ja ein bisschen ähnlich. **Wir haben Gott in unserem Herzen,** aber wir merken es nicht. „Gottes Reich ist inwendig in Euch"! Das besagt die Bibel. Vermutlich kennst du diese Aussage, nicht wahr? Aus verschiedenen Gründen nehmen wir Gottes Reich in uns nicht wahr. Einst waren wir uns dessen bewusst, aber mit der Zeit ging uns diese Eigenschaft verloren. Es ist zugleich auch das Problem aller Probleme. In unserem Herzen tragen wir alle Gott und dabei wir merken es nicht einmal! **Das Universum ist nicht irgendwo da draussen, es ist in uns!**

Und da führt Meister Eckhart folgendes an:

„Wer Gott seinen Willen gänzlich gibt, (Betonung auf gänzlich) der fängt und bindet Gott, dass Gott nichts anderes kann, als was der Mensch will".

Dieses Zitat kann jeder leicht verstehen. Denn wenn man ins Herz hinein schauen würde, dann hätte man dort Gott (**das Universum**) gefunden. Und man würde staunen und sagen:

„Mein lieber Gott, ich wusste gar nicht, dass du in mir drinnen bist!? Von jetzt an liebe ich dich von ganzem Herzen, ich begehre nichts mehr auf der Welt - nur dich".

Das wäre die Konsequenz dieser Erkenntnis, über die wir nicht mehr verfügen. Folglich bedeutet es auch, dass der Mensch, der sich gänzlich, auf allen Seins-Ebenen Gott widmen würde, der wäre von Gott dementsprechend behandelt - das heisst, Gott wäre aus dieser großen Liebe heraus dazu gezwungen, das zu tun, was wir wollen.

Nun stellt sich natürlich die Frage, wie sieht diese theoretische Erkenntnis in der Praxis aus. Zusammengefasst bedeutet es: ***Es gibt einen Gott. Gott ist in mir, und wenn ich diesen Gott liebe, so werde ich alles erreichen.***

Hierzu möchte ich den nächsten Spruch zitieren:

„Wenn ich Gott nicht zwinge, dass er alles tut, was ich will, so gebricht es mir entweder an Demut oder an Sehnsucht".

Über Sehnsucht habe ich bereits gesprochen. Es ist die Liebe, die wir für Gott in uns empfinden müssten. Je grösser diese Sehnsucht wäre, desto wirksamer hätten wir von Gott alles bekommen. Es wäre auch die einzige Begierde, die wünschenswert wäre.

Und nun zur Demut! Demut heisst: Ich habe keinen eigenen Willen. Einzig ist der Wille Gottes, der mich steuert und mir befiehlt. Und wenn diese zwei Voraussetzungen erfüllt sind, dann macht Gott **was ich will**.

Oberflächlich betrachtet, erscheint uns dies als ein Paradox. Einerseits habe ich keinen eigenen Willen und bin demütig – anderseits macht Gott was ich will?

Aber bitte vergiss nie: Wir sind alle Kinder Gottes! Im wahrsten Sinne des Wortes. Wir alle, nicht nur Jesus, wie die Kirche uns fälschlicherweise vermittelt. Als seine Kinder, die ihre eigenen Eltern begehren, werden auch wir mit Sicherheit „bevorzugt" behandelt.

Nun, was bedeutet es eigentlich, Gott zu begehren, Gott zu gehorchen und Gottes Willen zu tun? Wir wissen ja nicht, was sein Wille ist!

Nehmen wir mal an, ich käme zu dir und würde dich fragen: „Was willst du?", dann sagst du zu mir: „dies, dies und das". Und ich sage, ok, ich mache da mit oder ich mache nicht mit. Wenn wir das nun auf Gott übertragen, ist es bedeutend schwieriger damit umzugehen. Denn Gott sieht man nicht, man hört ihn oder schmeckt ihn nicht. Und jetzt soll man auch noch wissen, was er für einen Willen hat?

Wie soll man wissen, was Gott will?

Die Antwort auf diese Frage ist ganz einfach: **Man muss es gar nicht wissen**! Was man letztendlich muss und auch soll, ist und bleibt **den eigenen Willen aufgeben**, keine eigenen Wünsche haben, nichts zu Begehren und ganz wichtig, an nichts festhalten wollen. Wenn man sich dessen allen entledigt, dann ist man so weit: Dann wirkt der Wille Gottes **automatisch** in dir.

Dazu fällt mir nun gerade ein treffender Spruch eines anderen Philosophen ein:

Das Wort, das Aurelius Augustin spricht, lautet:

"Was der Mensch liebt, das ist der Mensch und ist folgendermassen zu verstehen: Liebt er einen Stein, so ist er ein Stein, liebt er einen Menschen, so ist er ein Mensch, liebt er Gott - nun traue ich mich nicht weiter zu sprechen, dass er dann Gott ist, so könntet ihr mich steinigen wollen".

Nun, Augustin will damit deutlich machen: Wir sind das, wonach unser Herz strebt. Es geht hier ums **Begehren**, - Leute, die reich geworden sind, haben dies wirklich begehrt und sind dadurch auch reich geworden. Es ist so, als wären sie selber zu Reichtum geworden. Jeder, der etwas begehrt, wird daran gebunden und wird am Ende auch dazu.

So kann man sich leicht vorstellen, wenn man Gott begehrt, dass man das wird. Nun steht es jedem frei selber zu wählen, was er begehren will. Je nachdem wie man sich entscheidet, kann man zum Schluss kommen und sagen:

„Okay, ich werde in diesem Leben sowieso nicht weise und erleuchtet. Es ist sowieso zu spät, denn ich habe bereits vieles verpasst. Zudem sind alle Umstände gegen mich, und das ist sowieso mein trauriges Schicksal. Darum befolge ich diesen weisen Rat im nächsten Leben, ***denn in diesem Leben will ich nur ein bisschen Luxus geniessen oder sonst irgend etwas schönes anstellen*“** - jeder hat da seine eigenen Vorlieben.

Nur, du darfst niemals vergessen, da wo dein Herz ist, wird dein Weg sein. Das gilt für uns alle. Das gilt für Gott auch, sein Herz ist bei uns und so ist er Mensch geworden. Dieser Mensch kann aber wieder zum Gott werden, wenn er es nur will.

In der Praxis ist es halt so, wie ich schon gesagt habe, dass unsere Begierde nach äusseren Dingen trachtet. Das ist der Hauptgrund für unser Unvermögen Gott in uns zu sehen und zu erkennen.

An dieser Stelle möchte ich mit Dir einen Ausflug in den Taoismus unternehmen, weil man dort einen Begriff kennt, der so viele Zusammenhänge erklärt: Dort heisst es unter anderem:

„Die Dinge haben ihren Lauf und dieser Lauf ist perfekt".

Dieser Lauf der Dinge ist nicht so wie man üblicherweise denkt. Im Sinne von „Gott hat die Welt auf diese Weise" erschaffen: Am ersten Tag hat er dieses gemacht, am zweiten Tag dieses usw. und am siebten Tag hat er sich zur Ruhe gesetzt, war müde und hat ein Sonntagsschläfchen gehalten. Nein, meine liebe Leserin, mein lieber Leser.

Gott erschafft die Welt die ganze Zeit, immer während.

Die Welt ist nicht etwas statisches, wie ein Diamant der geschliffen wurde und für alle Ewigkeit ein Diamant bleibt. Die Erschaffung der Welt hört nie auf. Sie ist permanent. Das bedeutet auch, dass alle Dinge sich permanent bewegen und verändern und genau das ist der Lauf der Dinge. Das heisst, diese lebendige Welt, das Universum, strotzt nur so vor Bewegung. Wir müssen der Welt deshalb auch so begegnen - so dass wir diese Bewegung nicht behindern, sondern ihr folgen. Denn es ist nicht nur eine Theorie zu sich selbst zu sagen: „Okay, die Dinge haben ihren Lauf. Gott weiss, wie die Welt sich bewegt und wie sie laufen soll. Dabei soll ich nicht stören... „ - Es ist weit mehr als nur diese Erkenntnis! Denn wenn man sich zurück nimmt, wenn man sich selbst zurücklehnt, dann wird man mitgetragen in dieser Vollkommenheit. Dabei haben wir keinen Grund, uns Sorgen zu machen. Ebenso haben wir keinen Grund, Wünsche zu haben, das beteuert Jesus auch:

Wir sollen nur nach Gottes Reich trachten, Gott kennt unsere Wünsche bevor wir sie kennen.

Das ist es genau, wie wir Gott „zwingen“ können, unsere Wünsche zu erfüllen.

Natürlich, „zwingen“ steht in Anführungszeichen. 99% der Menschen denken, sie müssten selbst aktiv sein, sie müssten alles kontrollieren und nicht zuletzt sie müssten alles haben. Doch damit unterliegen sie einem gewaltigen Irrtum!

Jesus hat sich auch schon bei den Aposteln beklagt, es sei nicht das Problem, dass man seine Worte nicht verstünde, sondern, dass man sie **nicht befolge**. Jesus sagt, ihr sollt **nur nach Gottes Reich trachten** und es wird euch alles gegeben!

Jetzt mal ehrlich: Wieso machen wir das nicht? Sich zurücklehnen, entspannen, sich den Höheren

Mächten übergeben und das Leben geniessen? Der Lauf der Dinge ist ja -perfekt?!

Du müsstest diesen Ratschlag selber befolgen. Ich kann dir hier bestätigen: Ich habe es ausprobiert. Zwar gelingt es mir nicht immer, mich einfach hinzugeben, aber doch sehr oft und mit Erfolg.

Deshalb rate ich dir: Gib auf, ob du nun einen Parkplatz in der überfüllten Stadt suchst, oder dringend einen neuen Job finden musst, oder sonst irgendwelche grosse oder kleine Vorhaben hast. Gib auf und sag‘ zu dir , **„es hängt nichts von mir ab“**. Es hängt einfach von Gott ab.

Genauso wie die Kinder, die ihren Eltern hundertprozentig vertrauen. Wer noch kein Kind hatte, der kann dies vielleicht nicht ganz nachvollziehen, aber selbst warst du auch mal ein Kind und hast dich auf deine Eltern verlassen. Eltern wird dies täglich vor Augen geführt. Das Kind übergibt sich freiwillig, ohne Angst, ohne Sorgen, ohne Zweifel. So soll sich der Mensch Gott übergeben. Wenn man nichts selber will, erst dann läuft unser Leben perfekt. Ich kann dir bestätigen: Es funktioniert. Erst wenn ich aufgebe, bekomme ich alles, so wie ich es will. Dabei muss ich nicht einmal Gott um etwas bitten. Denn in dem Masse, wie sich das Glas leert (wir sind wie ein Gefäss), in dem Ausmass kommt Gott hinein! Kannst du das nicht verstehen? Wirklich, du musst das ausprobieren, dann wirst du sehen, dass ich Recht habe. Ich habe viele Philosophien studiert. Dabei spielt es keine Rolle, ob Buddhismus, Taoismus, Christentum, Islam oder was auch immer. Alle beinhalten die gleiche essenzielle Lehre. Und noch etwas haben alle gemeinsam: Niemand befolgt sie. Niemand.

Das wäre aber die wahre Kunst. Die Lebenskunst. Die Mut zu haben die Weisheiten zu befolgen, anstatt nur darüber zu lesen.

Zu guter Letzt noch eine **gute Nachricht**.

Falls du jetzt denkst, sich selbst aufzugeben hiesse, sich in einer Ecke zu verkriechen. Oder: niemanden sehen, nichts tun wollen, sich irgendwo tot stellen, dann wäre das natürlich eine himmeltraurige Sache! Ich kann dich also beruhigen und dir die gute Nachricht überbringen: Du kannst alles tun und lassen nach Herzenslust! Es ist dir alles erlaubt. Wirklich alles, es gibt keine Ausnahme. Nur eine Regel muss man dabei befolgen: Dass man das was man tut, nicht unbedingt haben will, nicht festhalten will. D.h. wenn ich Lust habe, zu essen, dann gehe ich und esse. Wenn ich schlafen will, dann gehe ich schlafe. Ganz einfach. Wenn ich Lust habe etwas zu trinken, trinke ich, wenn ich Lust habe, Fleisch zu essen, esse ich Fleisch, wenn ich Lust habe, Vegetarier zu sein, bin ich ein Vegetarier. Ich mache, das was mir gerade gefällt, und vor allem jetzt, nicht morgen und nicht übermorgen. Sondern jetzt.

Wenn es aber nicht so läuft, wie ich es mir vorgestellt habe, dann akzeptiere ich es.

Und ich sage mir, ok. ich habe es versucht, es hat nicht geklappt, schauen wir morgen weiter. Wie die Kinder, mit ihrer Unbefangenheit.

Es spielt keine Rolle was du machst, weil Gott dich beurteilt nicht nach dem was du tust, sondern nach dem, was du bist.

Abschliessend möchte ich das Gesagte nochmal kurz zusammenfassen.

Wünsche zu haben ist menschlich und natürlich. Wenn ich gleichzeitig behaupte, dass die Wunschlosigkeit der beste Weg zur Wunscherfüllung ist, bedeutet dies, dass unsere Wünsche im Einklang mit Wünschen von Gott stehen sollten. Unser Schöpfer weiss genau, was wir brauchen und wird sich bemühen, uns dies zu geben, vorausgesetzt wir vertrauen ihm.

Der einzige konkrete Wunsch, so zu tun wie Gott es will, ist nichts anderes als die Summe all unserer Wünsche, ohne zu detaillieren, was all dies wäre. Eine Art Total oder Summe aller Wünsche.

Das ist das wahre Geheimnis.

Es gibt kein grösseres als dieses.

Kosmische Antenne

Wie sie zur Wunsch-Erfüllung beiträgt

Nikola Tesla nannte seine besonderen Platten "Träger freier Energie". Gemäss Nikola Tesla sind diese Platten in der Lage, kosmische Energie / Ätherschwingungen zu empfangen. Für Tesla war das Thema „Freie Energie“ stets ein zentrales Anliegen, und so entwickelte er diese Platten als wichtigen Bestandteil eines Empfängers für kosmische (Raum-) Energie.

Teslaplatten sind somit Antennen für die kosmische Energie (auch als Tachyonen-Energie bekannt). Sie erzeugen ein harmonisierendes Feld und können sich dadurch positiv auf Körper, Seele und Geist auswirken. Sie reinigen Nahrung und Wasser auf energetischer Ebene von Störfeldern und fördern auch Pflanzen, Gemüse, Früchte etc. in ihrem Wachstum und Gedeihen.

Zahlreiche Menschen benützen sie auch, um bei sich oder ihren Haustieren körperliche Heilung und Gesundung (z.B. von Kopfschmerzen, Verletzungen etc.) herbeizuführen. Viele Anwender tragen sie mit sich, um ihr Schwingungsfeld zu erhöhen oder sich von den Einwirkungen von Elektrosmog zu regenerieren. Die Teslaplatten sind das „älteste“ und damit ursprünglichste Tachyonen-Produkt. Sie haben eine unbegrenzte Lebensdauer, da sie sich dauernd wieder aufladen.

Die Tesla Pyramidenplatte, im Deckel fest integriert, ist ein ganz wesentlicher Bestandteil dieses Buches. Sie ist dafür verantwortlich, deine Wünsche und Vorstellungen an den Kosmos zu transzendieren, zu verstärken. Sie leistet einen wichtigen Beitrag in der Umsetzung. Ohne die Energiepyramide wäre das Buch nur halb so wertvoll. Die **Tesla Energiepyramide ist *der* Motor für deine kosmischen Bestellungen, ein Antrieb, der in seiner Art einzigartig und unübertroffen ist.** Obwohl Tesla diese Platten schon sehr früh patentierte, kamen sie bis jetzt nicht so recht zum Einsatz, da die Menschheit noch nicht die Reife erreicht hat, um ihre Funktion und Möglichkeiten richtig zu verstehen. Du kommst nun in den Gennuss des Privilegs, Teslas bahnbrechende Erfindung in der Praxis einzusetzen, zu deinem Wohle und zum Wohl deiner Nächsten.

In unserem Fall hat die Tesla Platte bewusst die Form der Energiepyarmide. Sie stellt die Cheops-Pyramide in verkleinertem Masstab dar. Die Pyramiden als imposante bauliche Errungenschaft waren vor Jahrtausenden ein mächtiges Instrument, das bis heute unbekannt blieb, nämlich eine Schnittstelle zwischen Erde und Universum. Ein Art Interface, das den Energie-Austausch vorantrieb, und zwar in beiden Richtungen. So wurden sie erfolgreich eingesetzt, um eine Verbindung zum Universum herzustellen und dieses „anzuzapfen“ Unsere „Pyramide“ ist in der Lage, es den ägyptischen Pyramiden gleichzutun, was auch aus Teslas Patenten hervorgeht. Deine Gedanken und Wünsche kriegen somit dank der Pyramiden-Energieplatte eine starke, direkte Verbindung zum Kosmos.

Nikola Tesla

Über den Erfinder der kosmischen Antenne?

Wie erwähnt, braucht das Erfüllen der Wünsche eine positive Einstellung zum Leben, eine grosse Kraft der Imagination, Zuversicht und Stabilität unseres Geistes. Um diese Eigenschaften zu stärken, kann uns eine besondere Erfindung einen Dienst von unschätzbarem Wert erweisen. Es handelt sich eine spezielle kosmische Antenne in Pyramidenform, welche die Kraft für die Wunscherfüllung generiert. Diese Antenne hat der geniale Physiker Nikola Tesla erfunden. Die enorme Wirkung seiner Erfindung ist mir schon seit Jahrzehnten bekannt. Nun, als ich mit den Vorbereitungen für mein Buch „The Real Secret“ begann, habe ich in einer klaren Vision erkannt, wie diese wunderbare Atene bei der Wunsch-Erfüllung wahre Wunder vollbringen kann. Ihre universelle Kraft ist unübertroffen Wie dies genau funktioniert erfährst du im nächsten Kapitel. Falls du von Nikola Tesla noch nichts gehört hast, möchte ich ihn dir hier kurz vorstellen:

Nikola Tesla war eine aussergewöhnliche Erfinder-Persönlichkeit mit gewandtem Auftreten und einer charismatischen Ausstrahlung. Nikola Tesla wurde am 10. Juli 1856 geboren. In frühem Kindesalter machte er bereits beachtliche Erfindungen. Nach dem Besuch von Hochschulen in Graz und Wien schloss er seine Ausbildung in Paris ab. Ab dem Jahre 1884 war er als Mitarbeiter bei Thomas Edison beschäftigt. Später arbeitete Nikola Tesla im eigenen Labor in New York, wo er am 7. Januar 1943 starb.

Als junger Elektro-Ingenieur begann er mit der Entwicklung des heute gebräuchlichen Wechselstromsystems, das 1893 erstmals in großem Stil zur Beleuchtung und Stromerzeugung auf der Weltausstellung in Chicago eingesetzt wurde.

Mit der Erfindung des Wechselstroms und der Konstruktion eines speziellen Transformators wurde Nikola Tesla weltweit berühmt. Denn mit der verfügbaren Elektrizität konnte eine wahre industrielle Revolution stattfinden. Um die Jahrhundertwende wurde Nikola Tesla dann in den Zeitungen sämtlicher Nationen als der "größte Erfinder aller Zeiten" gefeiert.

Teslas andere zentrale Erfindung ist sein Transformator. Dieser erzeugt in seiner üblichen Form hochfrequente Wechselströme mit sehr hoher Spannung; die Stromstärke ist jedoch sehr gering. Die Ströme (Tesla-Ströme) sind für den menschlichen Körper unschädlich und finden aufgrund ihrer Tiefenwirkung, im Körperinnern auch Anwendung in der Medizin (Diathermie Ströme). Tesla hat im Rahmen seines unermüdlichen Schaffens hunderte von Erfindungen im Bereich von Energie und

Magnetismus gemacht, die auch größtenteils patentiert wurden. Heute gilt er unbestritten als „Vater der Freien Energie“. Deshalb wird Nikola Tesla mit seinen über 700 patentierten Erfindungen als großes Genie bezeichnet. Nicht zu vergessen, dass seine „Freie Energie Platten“ (auch Tesla Platten genannt), die inzwischen in verschiedenen Formen erhältlich sind, weltweit millionenfach verkauft worden sind und unzähligen Menschen zu mehr Vitalität und Schmerzlinderung verhelfen.